AF586017

LE TONNELIER,

PANTOMIME-COMIQUE EN UN ACTE,

PAR

Musique de M.

REPRÉSENTÉE, POUR LA PREMIÈRE FOIS, A PARIS, SUR LE THÉATRE DE LA GAÎTÉ, LE MAI 1824.

PRIX : 30 CENTIMES.

PARIS,
CHEZ QUOY, LIBRAIRE,
ÉDITEUR DE PIÈCES DE THÉATRE,
Boulevard Saint-Martin, N°. 18,
ET BARBA, LIBRAIRE, AU PALAIS-ROYAL.

1824.

PERSONNAGES.	ACTEURS.
Maître MARTIN, tonnelier, amoureux de Fanchette.	M. *Chéza.*
SEP, vigneron.	M. *Bouffé.*
GERVAIS, meûnier.	
ROGER, jeune militaire, garçon tonnelier, amant de Fanchette. . . . . Veste blanche, uniforme, collet et paremens rouges, pantalon blanc, bonnet de police et un tablier de peau.	M. *Châtillon.*
FORET, apprenti tonnelier. . . . . . . Habit de paysan, caricature, en veste et un petit tablier de peau.	M. *Perrot.*
BELLE-POINTE, tambour-maître. . . . Habit d'uniforme bleu, pantalon blanc avec petites guêtres blanches en dessous.	M. *Henri.*
OCTAVIN, jeune fifre . . . . Petite veste blanche, collet et paremens aurore, pantalon blanc avec guêtres en dessous et bonnet de police.	M. *Guerpon.*
UN TAMBOUR en uniforme.	M. *Belon.*
Un Sergent instituteur en uniforme.	
Un Garçon marchand de vin. Un Garçon meûnier.	
Un vieux paysan.	
Quatre Mrs. du Ballet en vestes blanches, collet et paremens aurore, bonnet de police et tablier de peau.	
Deux petits enfans de troupe. . . . . . Petites vestes *idem*, pantalon et bonnet.	*Théodore et Lili.*
Trois conscrits, caricatures, vestes *idem*.	
Six paysans.	Mrs. *du Ballet.*
Quatre petits enfans en paysans.	
Un vieux paysan. Un garçon marchand de vin.	

Première Danse.

FANCHETTE, jeune paysanne, aimée de Martin....	Mme. *Bouffé.*
ANNETTE, amie de Fanchette, autre paysanne.	Mme. *Francisque.*
JEANNETTE, autre paysanne.	Mlle. *Rose.*
COLETTE, autre paysanne.	Mlle. *Aimée.*

Deuxième Danse.

Une paysanne.	Mlle. *Victoire Latour.*

Coryphées.

Maria, *Duriez*, paysannes.

Corps du Ballet.

Six dames en paysannes.
Quatre petites du petit quadrille *idim*.
Une vieille paysanne.
Garçons Tonneliers, Paysans, Militaires.

La scène se passe dans un village où il y a des troupes cantonnées.

De l'Imprimerie de J.-S. CORDIER fils, rue Thévenot, N°. 8.

LE TONNELIER,

PANTOMIME COMIQUE EN UN ACTE.

Le Théâtre représente la maison de Martin, au prumier plan, à droite de l'acteur; au-devant de la maison est un atelier; à la fenêtre, il y a un garde-manger; une grille touche la maison et vient obliquement sur le côté du théâtre; il y a auprès un cuvier à moitié avancé; de l'autre côté de la scène, il y a des tonneaux et différens ustensiles avec une table et une colombe, placés sous un hangard; le fond représente un hameau éloigné, avec une platte-forme.

SCÈNE PREMIÈRE.

Roger est occupé à travailler à son établi qui se trouve près du hangard. Forêt est du côté opposé assis sur un banc, les bras croisés et dormant. Au fond du théâtre, est un tableau mouvant; où l'on voit des militaires à l'instruction. Plusieurs paysannes sont occupées devant leurs portes à différens détails de basse-cour, Belle-pointe, maître de danse et d'armes du régiment, est au milieu du théâtre à donner une leçon de danse à un jeune soldat, une jeune paysanne rit du riducule de l'écolier. Octavin lui fait offre de danser au son de son fifre. Belle-pointe apperçoit une outre paysanne occupée devant sa porte, va près d'elle, et son écolier reste seul. Pendant ce temps Roger va du côté de la maison pour voir si Fanchette ne descend pas, akn de pouvoir lui renouveller son amour. Forêt qui fait feinte de dormir, semble se réveiller au moment où Roger approche de la porte, et lui fait entendre que son maître lui a défendu de laisser entrer personne. Roger s'en moque, le prend par une oreille, et le fait tourner. Forêt s'emporte et le menace d'avertir son maître. Ce bruit attire Fanchette à la fenêtre et elle engage Roger à se modérer. Il persiste à vouloir entrer, mais Fanchette le lui defend. Forêt courroucé contre Roger, va trouver Belle-pointe et le prie de lui donner des leçons d'armes. Bell-pointe se rit de lui, mais Forêt tirant une bourse de sa poche, lui propose de l'argent. Roger voyent cela, fait signe à Belle-pointe prend ses Fleurets et met engarde Forêt, dont la maladresse excite la risée de tous ceux qni l'observent. Au moment où il est posé d'une manière ridicule, on entend battre le rappel. Balle-pointe profite de cette circonstance pour laisser Forêt seul, et il entre dans le cabaret avec Roger et autres camarades. Forêt veut y entrer avec eux, mais il est repoussé.

SCÈNE II.

Forêt resté seul maudit les militaires, regarde sa bourse, et regrette de n'avoir point sa part du vin qu'ils vont boire à ses dépends. Il s'approche tristement du côté de la boutique, tâte son ventre et son estomac, et fait entendre qu'il mangerait bien. En levant les yeux, il apperçoit le garde-manger; à cette vue, son appétit redouble présumant y trouver quelque chose qui puisse appaiser sa faim. Il regarde de tous côtés, et ne voyant personne, l'envie lui prend d'en faire la visite. Mais il éprouve une grande difficulté, vû qu'il est petit et le garde-manger très-élevé, et qu'il ne peut y atteindre. Alors, il prend le parti de se servir d'une barrique sur laquelle il met une chaise, afin de pouvoir y parvenir.

SCÈNE III.

Forêt est à peine monté, que Roger, Belle-pointe et Octavin sortent du cabaret et l'apperçoivent, ils pensent à lui faire une niche en enlevant la barrique afin qu'ils ne puisse pas descendre; ce qu'ils exécutent à l'instant. Forêt veut descendre et ne le pouvant pas, fait un si grand tapage, que Fanchette paraît à la fenêtre et que plusieurs paysans arrivent. Forêt se débat tant qu'il entraîne le garde-manger qui tombe avec lui. Sitôt, il menace Roger, disant qu'il va chercher son maître, tous les villageois se moquent de lui, pendant ce temps, Roger se glisse dans la maison. Forêt veut que Belle-pointe lui rende son argent, celui-ci en fait son jouet ainsi que tout le monde; mais il quitte la scène et ils le suivent tous.

SCÈNE IV.

Fanchette sort de la maison avec Roger, et lui fait des reproches de ce qu'il est entré contre sa volonté. Roger demande son pardon et l'obtient. Fanchette lui découvre l'amour que Martin a pour elle. Roger en rit d'abord, mais lorsqu'elle lui dit qu'il veut l'épouser, il ne se sent plus de colère. On entend Martin dans le lointain; Roger veut courir au-devant de lui, mais Fanchette s'y oppose en le priant de se calmer et de se mettre à l'ouvrage, lui promettant qu'elle n'en n'aimera jamais d'autre que lui.

SCÈNE V.

Elle se met à coudre et Roger à travailler. Foret marche en avant de son maître, portant sur sa tête un paquet d'osier, Martin le suit, portant un paquet de cerceaux. Foret s'approche gauchement de Fanchette et lui fait signe de ne pas pas parler de sa mésaventure du garde-manger; il s'approche aussi de Roger et lui recommande le silence, sans quoi il déclarera à Martin, ses amours avec Fanchette. En se tournant il attrappe Roger avec son paquet d'osier, et celui-ci le repousse d'un autre côté. Martin regarde Roger de mauvaise humeur; il ne fait pas de même de Fanchette qu'il regarde avec intérêt. Il fait des reproches à Roger de ce que son ouvrage est peu avancé; celui-ci lui répond avec humeur en levant les épaules. Martin s'approche tout près de Fanchette dans l'intention de l'embrasser. Mais Roger qui l'épie frappe sur l'épaule tenant une douve à la main qu'il lui montre comme étant bien faite, Martin se trouvant contrarié ordonne à Foret d'aller chercher les autres ouvriers. Fanchette et Royer se font toujours des signes d'intelligence.

SCÈNE VI.

Les garçons tonneliers entrent, roulant chacun un tonneau. Tout le monde se met à l'ouvrage; Fanchette coud, Foret veut travailler aussi après une grande cuve; mais par sa maladresse, il se frappe sur les doigts et abandonne l'ouvrage. Les ouvriers terminent leur travail et demandent leur pour-boire à Martin, qui les satisfait. Ils veulent emmener Roger avec eux; il leur fait signe qu'il va les suivre, et auparavant il demande aussi à Martin son pour-boire, celui-ci le refuse avec dureté, disant qu'il n'est pas content de lui. Et lui montrant le cuvier de Sep qui n'est pas encore fini, une dispute s'engage entre Martin et Roger. Fanchette attire Martin, et pour le calmer elle le caresse sous le menton, en disant que sa barbe est bien faite. Martin est au comble de sa joie de se voir caresser. Il prend la main de Fanchette et la baise; il se met à danser en tenant toujours la main de Fanchette et lui faisant faire différentes passes. Celle-ci fait toujours des signes d'intelligence avec Roger sans être aperçue de Martin. Foret qui est dans le fond du théâtre rit de l'erreur où est son maître, à la dernière passe,

Martin veut embrasser Fanchette, Roger se met entre deux et lui présente son maillet qui a besoin d'être raccommodé. Martin se fâche et le ménace, mais Roger ne se déconcerte pas. Fanchette prend Martin par les deux mains et le fait danser jusqu'à ce qu'il n'en puisse plus. Martin dit à Fanchette qu'il faut qu'il aille chez un voisin mettre une pièce de vin en perce, et envoie Foret chercher les outils; comme il soupçonne Fanchette et Roger d'être d'intelligence ensemble; il ordonne à Fanchette d'aller travailler au jardin, et dit à Colin de rester à la boutique, ce qui ne lui fait pas trop plaisir. Foret apporte les outils d'une manière maladroite. Martin lui commande de le suivre et renouvelle à Fanchette l'ordre d'aller travailler au jardin : elle obéit avec contrainte, et Roger la regarde s'éloigner avec regret. Mrrtin en s'en allant regarde regarde toujours derrière lui en examinant Fanchette. Elle fait une fausse sortie pendant que Martin s'en va.

SCÈNE VII.

Sitôt que Martin s'éloigne, Roger fait signe à Fanchette de ne pas s'éloigner. Elle revient, détache un ruban et le donne à Roger. Celui-ci, ignorant d'où ce ruban vient témoigne un peu de jalousie. Elle lui fait reproche de son peu de confiance et veut lui retirer le ruban. Mais Roger s'excuse, et Fanchette le lui laisse.

SCÈNE VIII.

Gervais arrive avec un de ses garçons portant un sac de farine. Roger est très-joyeux de le voir, vu qu'il met tout son espoir en lui. Gervais demande où est Martin, Fanchette lui répond qu'il est sorti. Il commande à son garçon d'aller porter le sac de farine dans la maison, et montre à Fanchette un mémoire de

Martin qui lui doit beaucoup d'argent, avec ménaces de le poursuivxe s'il ne le paye pas. Roger saute de joie et embrasse son oncle, ensuite il lui fait part des amours de Martin pour Fanchette. Gervais sourit et demande à Fanchette si elle aime Martin. Elle lui répond vivement que non. Gervais regarde Roger et lui demande s'il aime Fanchette, il fait la même question à Fanchette et tous deux répondent que oui. ils se jettent à ses pieds et le prient de les servir. Gervais les relève, les presse sur son sein, et leur promet de parler à Martin qui lui doit de l'argent, et en cas de refus de le payer il emploiera la force contre lui. Les deux amans le pressent tant qu'il a de la peine à s'en débarrasser. Gervais sort, Eanchette va au jardin, Colin et Roger témoigne sa joie de son bonheur futur.

SCÈNE IX.

Roger se souvient qu'il a promis à ses amis d'aller les rejoindre, mais son embarras est de savoir comment il pourra s'absenter de la boutique. Après un instant de réflexion, il va au cabaret les appeler. Bellepointe, Octavin et ses camarades en sortent et l'invitent à venir boire avec eux; Roger ne pouvant accepter, les engage à venir à la boutique boire avec lui. Ils acceptent, et Roger dit au garçon d'apporter du vin. Ils se placent tous à la table qui est sous le hangard, et se livrent à la plus grande joie. *Duo du déserteur, vive le vin.*

SCÈNE X.

Foret parait sur la platte forme, poursuivi par une troupe de petits garçons et se sauvant à toute jambes. Octavin l'appercoit et en avertit Roger. Bellepointe imagine un moyen de se divertir aux dépends de Foret;

il engage Roger et ses camarades à se cacher derrière les tonneaux; ce qu'ils font. Foret arrive tout essoufflé, et ne voyant personne dans la boutique, il se propose d'en avertir son maître. Au même moment tous les militaires font un mouvement qui l'effraye. Il ne sait quoi penser, ni s'il doit reculer ou avancer; il va pour regarder dans l'intérieur de la maison, lorsque Bellepointe se présente. Foret se sauve du côté opposé, mais tous lui barrent le passage, et se trouve eutouré par les militaires qui se moquent de sa poltronnerie. Cependant il se rassure et va à Bellepointe redemander l'argent qu'il lui a donné pour ses leçons d'armes qu'il voulait prendre. Bellepointe lui montre l'emploi de son argent en lui faisant voir la table garnie de bouteilles. Foret saute de joie et va à la table pour se rafraîchir. Mais les militaires le saisissent l'un après l'autre et le font pirouetter jusqu'au côté opposé, Roger et ses camarades prennent chacun un verre de vin et boivent au commandement de Bellepointe. Foret se désole, et à mesure que chacun boit Octavin lui essuie les lèvres, puis lui propose de lui donner la leçon d'armes, ce qu'il refuse. Ils le balottent et le forcent de se mettre en garde, et dansent un air très-vif. Ce Changement plaît assez à Foret, et il se met à danser avec eux, les militaires voyant qu'il entend la plaisanterie lui versent à boire. Mais il prend la bouteille et boit à même avec tant de précipitation qu'il n'entend point arriver Martin; les militaires se sauvent dans le cabaret, et Roger cache toutes les bouteilles et les verres et se remet au travail.

SCÈNE XI.

Martin arrive et saisit Foret au collet qui a toujours la bouteille à la main. Il croit que c'est son vin que Foret boit, et dans sa colère il prend une douve dont il le frappe. Foret prétend que c'est Roger qui l'a fait boire. Roger s'en défend et dit qu'il a perdu la tête. Martin continue de le frapper, mais il s'échappe, Martin le poursuit; il veut entrer chez le marchand de vin, au moment où les militaires en sortent; il se mêle parmi eux mais ils le repoussent; il veut fuir du côté opposé, et se jette sur un vieux paysan qui va chercher du vin au cabaret. Martin est sur le point de le ratrapper, et Foret se sauve sur la platte forme. Dans sa fuite il renverse une vieille femme qui filait devant sa porte. Au même instant, tous les paysans l'entourent et le ménacent; ne sachant plus comment faire, se voyant pris de tous côtés; il ne trouve d'autre moyen que de se réfugier dans un colombier, il casse le carreau de l'œil de bœuf et passe à travers; aussitôt les pigeons se sauvent du colombier. La vieille femme se désespère de voir partir ses pigeons; elle engage les paysans à s'emparer de Foret. Plusieurs le poursuivent dans le colombier. mais il saute par la lucarne et se sauve à toute jambes. Les paysans le poursuivent.

SCÈNE XII.

Martin ne se pssédant plus, court sur Roger, le menace et lui demande où est Fanchette; celui-ci répond avec aigreur; qu'il n'en sait rien, Martin lui dit qu'il va le chasser. Alors Roger lui jette son ouvrage dans les jambes. Martin lui montre son poing sous le nez. Roger perd toute modération, et le menace à son tour ce qui en impose à Martin; Roger le poursuit en voulant lui donner des pichenettes sur le nez, mais Martin les évite. Roger ôte son tablier, le jette par terre, et lui fait ses adieux en le menaçant toujours.

SCÈNE XIII.

Martin resté seul est outré de colère. Fanchette arrive portant un panier, et va droit à Martin qui la reçoit assez mal. Elle y fait peu d'attention et regarde toujours si elle n'aperçoit pas Colin. Martin, voyant le panier, veut savoir ce qu'il y a dedans. Fanchette hésite et elle finit par dire que c'est un gâteau qu'on lui a donné pour partager avec Roger. Martin lui dit qu'elle n'aura pas ce plaisir et qu'il vient de le chasser comme un mauvais sujet. Fanchette dit qu'elle le trouve charmant et rempli de complaisances pour elle. Martin fâché, lui dit qu'il ne veut pas en savoir davantage. Fanchette à l'air de le cajoler, il prend la chose de bonne foi, et ce radoucit. Il lui dit qu'il a un compte à faire, il prend une douve et fait son calcul dessus, avec un morceau de craie. Pendant cela Fanchette regarde toujours si elle ne voit pas Roger, ce qui interrompt Martin dans son compte et le met de mauvaise humeur.

SCÈNE XIV.

On entend du brit; ce sont de paysannes qui ramenent Foret dans un état déplorable; elle solicitent en sa faveur, et Martin ne veut rien entendre. Foret, supplie Fanchette de parler pour lui, ce qu'elle fait; Martin se laisse gagner. Foret s'excuse et met tout sur Roger. Marsin répète à Fanchette qu'il avait raison de lui dire que Roger est un mauvais sujet; elle rit de son erreur. Foret se voyant pardonné est au comble de la joie. Martin engage les paysannes et Fanchette à danser pendant qu'il va reprendre son compte. Foret se joint à la danse, mais d'une manière si maladroite qu'il fait rire toutes les paysannes et qu'elles le quittent en saluant Martin. celui-ci dit qu'il va dans sa chambre pour faire son calcul plus tranquillement; Foret le suit et Fanchette reste seule.

SCÈNE XV.

Fanchette regarde du côté du hameau cgercaant à apercevoir Roger. Elle s'impatiente et tombe dans une profonde rêvevrie.

SCÈNE XVI.

Roger arrive en silence, s'approche doucement derrière Fanchette et se met à son côté. Elle se retourne précipitamment et témoigne sa joie. Roger lui demande où est Martin; Elle lui montre le gâteau que Madelaine lui a donné. Elle prend une bouteille de vin et invite Roger à manger, ce qui lui fait le plus grand plaisir. Une barrique leur sert de table. pendant qu'ils mangent Fanchette surveille de tous côtés pour ne pas être surpris. Roger veut l'embrasser, mais elle se défend.

SCÈNE XVII.

Sep arrive à moitié ivre, ce qui dérange les amans. Il va droit à la porte de Martin et veut y frapper avec son bâton. Fanchette s'y oppese et lui dit de ne pas faire de bruit par ce que son maître dort. Roger emmène Sep de l'autre côté. Ce dernier le reconnait lui touche la main. Roger lui demande ce qu'il veut, Sep lui répond qu'il ne s'en souvient pas. Ce qui fait rire Fanchette et Roger. Sep veut se fâcher, on lui dit de faire le plus grand silence, il n'écoute rien, il veut absolument entrer chez Martin et frappe un fort coup, mais Fanchette et Roger le ramènent de l'autre côté. Roger lui demande si c'est pour son cuvier qu'il est venu. Sep à l'air de s'en rappeler et il dit que oui. Roger le lui montre et lui dit qu'il n'est pas encore achevé et qu'il l'aura demain, Sep se fâche, Roger et Fanchette lui disent de se calmer et l'engagent à rentrer chez lui et à aller se coucher. il dit qu'il se porte bien Roger lui tâte le poux et lui persuade qu'il a la fièvre. Fanchette lui touche le front et lui fait croire qu'il est malade. Ils le persuadent si bien qu'il finit par les croire et va pour sortir, mais il se ravise, demande du feu pour allumer sa pipe. Fanchette hésite, Roger l'engage à en aller chercher, ce qu'elle fait. Elle revient de suite et Sep allume sa pipe, au moment où il va pour poser la chandelle sur le tonneau, il aperçoit la bouteille, s'en saisit et boit à même. Roger et Fanchette pendant ce temps se renouvellent leur amitié.

SCÈNE XVIII.

Foret entre mystérieusement et parait très-étonné de voir Sep boire. Il passe derrière lui et va sa placer entre les deux amans. Ceux-ci sont éffrayés de son arrivé subite et le prieut de garder le secret. Foret malgré sa mésaventure oublie tout en faveur de Fanchette qui le carresse. Sep après avoir vidé la bouteille prend la chandelle et regarde au dessous si elle n'est pas percée, il s'approche de Fanchette et la prie de lui donner une autre bouteille parcequ'il y avait trop peu de vin dans la première, et qu'il ne connait pas d'autre remède pour le guérir que de boire. Fanchette engage Foret à y aller. Il s'y refuse d'abord, mais Sep et Fanchette le prient tant qu'il y consent et il y va à petits pas. Pendant ce temps par reconnaissance veut embrasser Fanchette. Roger se met entre eux et lui dit, doucement, papa, vous avez la fièvre, et cela vous ferait mal. Sep rit de sa réflexion. Foret revient avec une grande bouteille. Sea est ravi de joie, prend la bouteille et l'admire en disant : vive le vin, ah! qu'il est bon qu'il est divin, puis il se met à boire, mais comme la bouteille est remplie d'encre, il s'en tache les lèvres et la jette au loin. Foret lui rit au nez. Sep ne se connaissant plus de colère le poursuit avec son bâton; Fanchette et Roger se mettent au devant, mais Sep ne veut rien entendre. Foret ne sait plus où se fourrer, il n'a d'autre ressource que de se sauver dans le hangard; Sep l'y poursuit; Foret grimpe tout en haut, mais ne pouvant plus se ténir il tombe sur une table qui s'enfonce se sauve et va monter sur un arbre. Sep le poursuit encore et Foret allant d'arbre en arbre disparaît caché dans le feuillage. Sep ne le voyant plus, va frapper à coups redoublés à la porte de Martin. Roger se sauve. Fanchette prend un balay la boutique.

SCÈNE XIX.

Martin sort, au même moment Sep lui porte un coup de bâton, que Marton est obligé de parer; et lui demande ce qu'il veut, Sep répond qu'il veut son cuvier, et dit tant de choses à-la-fois que Martin n'y comprend rien. Pour s'en débarasser, il lui dit d'aller faire tirer bouteille au cabaret voisin, à ces paroles Sep se calme et lui prend la main en lui disant qu'il va l'attendre. Pendant ce temps, Foret descend de l'arbre, et se trouve au pied au moment où Sep s'en va, celui-ci l'apercevant court après lui et ils sortent tous deux.

SCÈNE XX.

Martin engage Fanchette a apporter le cuvier pour qu'il le finisse. Il la complimente sur les ssins qu'elle prend de son ménage, et lui dit qu'il sera bien heureux quand il pourra l'appeler sa petite femme. Fanchette lui répond qu'elle n'est pas pressée de cela. Martin craint qu'elle ne le trouve pas assez jeune, ni assez riche. Elle répond toujours avec indifférence. Pendant ce temps Roger paraît et lui fait des signes d'intelligence. Martin dit à Fanchette qu'il va se mettre à l'ouvrage et il la prie de danser. Fanchette y consent; Martin se place dans le cuvier et commence à travailler. Fanchette danse autour du cuvier, Roger lui saisit la main et la baise, à cet instant Martin sort la tête du cuvier, et Fanchette lui fait signe de l'autre main de continuer à travailler. Martin lui baise la main avec transport et reprend son travail. Roger veut embrasser Fanchetfe; au même moment Martin sort la tête du cuvier et les surprend. Martin veut sortir du cuvier, mais Roger le renverse sur lui, alors Martin sort la tête entre deux douves qui laissent un passage ouvert au fond du cuvier. Martin se démène de touies ses forces- Fanchette et Roger se moquent de lui.

SCÈNE XXI et dernière.

Gervais parait, réclame son argent à Martin. Il est dans la surprise de le voir pris de cette. Sep arrive pour chercher Martin pour aller au cabaret où il l'attend depuis long-tems, en s'avançant; il s'embarrasse les pieds dans les cerceaux ei tombe. Aux cris de Martin, Foret vient suivit de Bellepointe, Octavin, de tous les villageois, les militaires, etc. On débarrasse Martin de sa triste position. On relève Sep du mieux que l'on peut, et tous deux se sout contrariés de ce qu'on se moque d'eux. Martin menace Roger.

Bellepointe et ses amis se rangent de son côté Sep en se relevant court à Foret et lui donne un soufflet pour se venger de lui. Gervais dit à Martin qu'il lui faut son argent de suite. Il lui répond qu'il n'en a pas. Gervais le menace de sévir contre lui, à moins qu'il ne consente au mariage de Fanchette avec Roger. Martin hésite, Bellepointe lui dit qu'il est trop vieux pour prétendre posséder une fille si aimable. Tout le monde partage l'avis de Bellepointe, ce qui termine Martin à donner son consentement. Aussitôt Bellepointe fait faire un roulement en signe d'allégresse, fit générale et tout se termine par une.

FIN.

www.ingramcontent.com/pod-product-compliance
Lightning Source LLC
LaVergne TN
LVHW052041160826
845678LV00003B/1462
* 9 7 8 2 3 2 9 6 3 0 8 5 4 *